Le matin, sème ton grain

MONSEIGNEUR
ÉRIC DE MOULINS-BEAUFORT
archevêque de Reims
Président de la Conférence des évêques de France

LE MATIN, SÈME TON GRAIN

Lettre en réponse à l'invitation
du Président de la République

Documents d'Église

BAYARD ÉDITIONS – MAME
LES ÉDITIONS DU CERF

Collection dirigée par le père Thierry Magnin

Le titre de l'introduction de cet ouvrage
ne faisaient pas partie de la lettre.

Bayard Éditions
18, rue Barbès
92128 Montrouge Cedex
ISBN 978-2-227-49920-1

Mame
15-27, rue Moussorgski
75018 Paris
ISBN 978-2-728-92948-1

Les Éditions du Cerf, 2020
www.editionsducerf.fr
24, rue des Tanneries
75013 Paris
ISBN : 978-2-204-14202-1

INTRODUCTION

> Qui observe le vent, ne sème point
> qui regarde les nuages, ne moissonne pas.

Le verset de l'Ecclésiaste (Qo 11, 4) invite l'homme qui veut bien écouter à oser agir. « Tu ne peux connaître l'œuvre de Dieu qui dirige tout », continue le sage biblique, et ce n'est pas une raison pour rester à réfléchir, à peser le pour et le contre, sans rien faire au bout du compte. Le sage recommande : « Le matin, sème ton grain, et le soir, ne reste pas inactif. » C'est le conseil que j'ai voulu suivre.

« Car tu ne sais pas de deux choses celle qui réussira ; et peut-être qu'elles sont aussi bonnes toutes les deux. » C'est le rôle du roi, du responsable politique, dirions-nous plutôt aujourd'hui, mais en réalité de tout être humain responsable de lui-même, que de décider de l'action. Il ne suffit pas de regarder « les signes des temps », qu'ils soient météorologiques ou apocalyptiques, vient le moment de décider et de se décider.

Le Président de la République a demandé aux responsables de culte de partager leurs réflexions sur l'événement singulier qu'est la crise sanitaire que le monde entier traverse. Au long des semaines de confinement, les écrits n'ont pas manqué ; chacun aussi en son particulier a élaboré des pensées, des réflexions, les a partagées au téléphone à quelques parents ou amis ou en a nourri son blog ; la plupart d'entre nous les ont emmagasinées en eux, n'osant pas toujours les exprimer devant d'autres plus savants ou plus audacieux. Dans ma mission d'évêque, j'ai eu à partager quelques bribes de réflexion en réponse aux questions d'un journaliste de la radio diocésaine, dans quelques homélies diffusées dans le diocèse par la radio ou par le site internet. Il m'a paru de mon devoir toutefois de me risquer à répondre au Président de la République et de partager cette réponse. « Le vent souffle où il veut », nul ne peut le contraindre, et surtout pas le vent de l'Esprit-Saint, mais il appartient à notre devoir d'être humain de choisir une direction, en espérant ne pas trop manquer le vent. Mon rôle ici n'est pas de décider mais d'essayer d'apporter à un responsable politique de quoi nourrir sa réflexion, en essayant de lui être utile, pour être utile au pays et à l'humanité entière. Je sème mon grain, selon ce qui m'est donné.

Une épidémie a valeur d'avertissement. Les plus sceptiques savent le dire : nous avons entendu évoquer la plainte de la planète, la réclamation de la nature, la réalisation des prédictions des plus audacieux… Les croyants doivent y être doublement ou triplement attentifs. Quelque chose ne va pas dans notre mode de vie, dans nos façons de produire et de consommer. Comment changer ? Quels changements peuvent être choisis ensemble, à l'échelle du pays et à l'échelle du monde entier ? Pour les chrétiens, l'avertissement n'est pas autant qu'on le croit facilement l'annonce d'une catastrophe. Il est une promesse : autre chose est possible. Ils ajoutent cependant pour être précis : « Avec la grâce de Dieu », et cela change beaucoup.

Mémoire, corps, liberté, hospitalité : ces quatre mots sont lourds de sens biblique et de sens chrétien. Avec eux, il m'a semblé cependant parvenir à exprimer, modestement mais précisément, quelques pensées formées en moi pendant l'épreuve de cette épidémie-là, sous un mode que j'espère utile pour leur premier destinataire. Je suis heureux de les partager à d'autres, car nous sommes en un moment où chacun doit se déterminer.

Cela dit, Qohelet ne laisse guère d'illusion : « Vanité des vanités, dit-il, et tout est vanité » (12, 8). Et pourtant : « Le soir, ne reste pas inactif. »

Monsieur le Président de la République,

Lors des deux audioconférences que vous avez voulu tenir avec les responsables de cultes en France et des responsables de sociétés de pensée, vous avez exprimé le souhait que chacun contribue à une réflexion nationale sur ce que la lutte contre l'épidémie de la covid-19 nous apprend et sur l'avenir que nous entrevoyons. Sans aucunement prétendre être complet et en m'exprimant en mon seul nom, je me permets de vous remettre le texte ci-joint qui vous présente quelques éléments de la réflexion que je peux porter comme évêque catholique et président de la Conférence des évêques. Ce document ne se veut évidemment pas exhaustif. Il essaie de se concentrer sur quelques remarques ou réflexions auxquelles ma foi catholique me rend plus spécialement sensible. Je l'ai présenté au Conseil permanent de la Conférence des évêques et je l'ai enrichi des remarques reçues, mais il m'a semblé plus utile de vous présenter un texte personnel plutôt que chercher à élaborer un document de synthèse.

Espérant contribuer ainsi à la réflexion nationale à laquelle vous appelez, je vous prie d'agréer, Monsieur le Président de la République, l'expression de ma haute considération,

+ ÉRIC DE MOULINS-BEAUFORT

Deux mois de confinement et leur prolongement pendant un temps qui reste indéterminé, les contraintes se desserrant peu à peu si tout se passe au mieux, représentent une expérience inédite. Cette expérience est d'autant plus inédite qu'elle concerne l'humanité entière. Les épidémies ont souvent été dans l'histoire des phénomènes de portée mondiale, appelant en de nombreux États des mesures similaires, mais jamais une épidémie n'aura suscité une réaction aussi forte et aussi concentrée dans le temps en ayant provoqué, par comparaison, si peu de décès. Cette épidémie fait ressortir tout à la fois que notre humanité reste fragile, inextricablement liée à un univers qu'elle ne maîtrise pas entièrement et que nos sociétés contemporaines sont extraordinairement sophistiquées, au point de pouvoir arrêter presque d'un coup tout transport et une grande part de l'activité humaine à la surface de la planète. Énoncer ce fait oblige aussitôt à noter la grande disparité qui non seulement demeure mais se creuse entre les pays : certains sont capables d'assumer un tel arrêt d'activité, parce qu'ils estiment pouvoir le financer par la dette au risque de compliquer la vie des générations à venir, tandis que beaucoup d'autres ne peuvent se permettre un tel luxe.

Sachant qu'économistes, sociologues, politologues, philosophes, mais aussi entrepreneurs, militaires, responsables publics, réfléchissent à ce que cette crise sanitaire et la crise économique qu'elle provoque révèlent et ce à quoi elles devraient nous obliger, sachant aussi que tout homme et toute femme s'interroge aussi et apportera ses réflexions et ses décisions dans le « pot commun » de l'humanité, je relève ici *quatre facettes de la réalité à regarder et à vivre*.

J'ajoute en préambule un constat : nos sociétés sont restées en paix et l'humanité entière aussi. Peut-être une guerre commerciale et économique se prépare-t-elle, mais pour le moment aucune société n'a sombré dans la violence et aucun pays n'a profité du confinement généralisé pour s'emparer par la force d'une portion de territoire. À l'échelle de l'histoire humaine, une telle situation ne doit pas être si fréquente. Pour tous les humains, c'est un motif de soulagement et de fierté, de confiance aussi ; pour les croyants, d'action de grâce pour Dieu qui agit dans les cœurs et les esprits. Dans notre pays, l'unité maintenue est particulièrement significative alors que la fracture sociale est bien présente et que nous avons connu des tensions sociales fortes ces dernières années.

Les quatre aspects que je présente à la réflexion générale peuvent être exprimés en quatre mots : mémoire, corps, liberté, hospitalité. Je les présente en espérant servir ainsi à une unité nationale plus forte. Elle est nécessaire pour avancer dans l'avenir avec nos meilleures ressources.

MÉMOIRE

De nombreux côtés, on entend qu'il faudra garder la mémoire de ce qui s'est passé, pour tirer les leçons de ce moment de l'histoire humaine, avec l'espoir qu'une telle crise ne se produise plus. Même si, grâce aux mesures drastiques prises par les États, le nombre des victimes de la pandémie a été limité, les systèmes hospitaliers ayant pu globalement faire face, les défunts ont été nombreux et les conditions de leur décès douloureuses, pour eux et pour leurs proches. Nous y reviendrons. Il convient de se souvenir aussi de l'effort des soignants de toutes catégories qui ont accompli leur métier avec compétence mais aussi avec générosité, dans des conditions que rien ne laissait prévoir et qui, en certains lieux, même en nos pays occidentaux, ont été dangereuses. La mémoire collective ne doit pas oublier non plus celles et ceux qui ont permis à nos pays de survivre, souvent des métiers considérés comme de « petits métiers », peu estimés et mal payés, qui se sont révélés indispensables tandis que des métiers plus prestigieux ont pu s'interrompre ou suspendre leur mode d'exercice sans grande perte pour la vie concrète.

Retenons que certains parmi nous ont dû exercer leur métier avec un risque vital qui n'y était pas prévu. À part les soldats, les pompiers et les policiers, nos sociétés se sont organisées pour que l'immense majorité puisse exercer sa profession sans mettre sa vie en danger. En ce temps d'épidémie, les soignants qui signalent depuis des années la dégradation de leurs conditions de travail, le système de santé ayant été transformé en raison d'impératifs économiques, ont vu la menace de la maladie contagieuse s'ajouter aux tensions psychiques et nerveuses dues au mode d'organisation de leur travail. Ce risque vital atteint aussi d'autres métiers, pourtant éloignés du monde médical.

Je voudrais surtout attirer l'attention sur l'expérience inédite du temps que ces semaines nous ont permise. Un temps qui a pu paraître à certains vide et angoissant, mais qui a été aussi un temps intéressant, moins frénétique, parfois très plein mais d'activités plus limitées en nombre. Beaucoup ont pu découvrir ou retrouver la possibilité de lire, d'écouter de la musique, de passer du temps en famille, d'écouter son conjoint et ses enfants, d'habiter son logis, de prier et de célébrer, de réfléchir et méditer. Le plus nouveau a été de pouvoir vivre ces différentes activités sans avoir l'esprit occupé de ce que l'on venait de faire et de ce à quoi il fallait se préparer, mais en ayant la possibilité de durer, de demeurer pour de vrai, dans chaque activité. Beaucoup ont entendu de nouveau les oiseaux et ont pu observer l'arrivée du printemps comme jamais au cours de leur vie.

Comment garder mémoire de ce qui a été découvert ainsi, quand les philosophes, les sociologues, les spirituels depuis des décennies attirent l'attention sur l'accélération constante du temps et rappellent sans grand succès la nécessité pour l'être humain de se poser, de goûter l'instant présent, de vivre l'intensité du temps au lieu de se laisser happer par le rythme frénétique de la consommation et de la production ?

Comment garder mémoire aussi de ceux et de celles pour qui ce temps suspendu a été douloureux ou impossible, à cause des deuils, du chagrin, de l'inquiétude, à cause de la trop grande promiscuité, de la violence… ?

L'aspect heureux ou bénéfique, à tout le moins intéressant, de ces semaines a été rendu possible par le fait que le confinement était universel. Dans nos sociétés sophistiquées, il est possible à la plupart, – mais peut-être pas à tous –, de prendre des vacances, de « couper » le rythme ordinairement frénétique. Mais ces coupures sont rendues fragiles par le reste de la société qui continue de tourner et de susciter de l'activité et par les moyens de communication qui érodent constamment la frontière entre les temps professionnels et les temps personnels.

L'expérience des semaines a été malheureuse ou douloureuse pour ceux et celles qui se trouvaient trop seuls ou qui ont été malades, mais aussi pour ceux et celles qui étaient mal logés ou qui se sont trouvés trop nombreux dans des logements trop petits. En interrogeant autour de nous, nous constatons, en simplifiant un peu, pas mal d'angoisse dans les zones urbaines, et plutôt de la tranquillité intérieure dans les zones rurales.

Dans l'univers biblique, la mémoire est marquée par un mémorial qui rend présente l'œuvre libératrice de Dieu afin qu'elle se poursuive en nous et à travers l'histoire, plus exactement qui permet aux hommes de se rendre présents à l'œuvre libératrice de Dieu.

Dans cet esprit, le mémorial de l'épidémie ne doit être ni un musée ni une journée du souvenir de plus. Il doit être construit dans deux directions :

– En entamant la réflexion nécessaire et en choisissant les investissements indispensables pour que chacun puisse avoir un logement digne, qui puisse lui être une demeure. Il ne suffit pas de penser au logement lui-même, mais aussi à son environnement, à ce qu'il peut y avoir de nature, de beauté, d'endroits calmes, de lumière, de possibilité de voir le ciel et de regarder un arbre ;

– En instaurant un vrai repos dominical qui soit un repos des personnes mais aussi des villes, de la terre, etc. Depuis quelques décennies, le repos dominical est rongé sous la pression du commerce et de la production. Comment nous aider mutuellement à habiter un temps de calme, autrement que par la consommation ; comment apprendre ou réapprendre à regarder la nature, à écouter des bruits qui ne soient pas humains, à supporter le silence. *Je suggère, sans doute en un rêve éveillé, qu'une fois par mois un dimanche soit « confiné » partout dans notre pays* : un dimanche sans voiture ou sans dépasser un certain périmètre, sans commerces, sans travail productif, où tous soient appelés à chercher des activités accessibles à pied ou à bicyclette ou en transports en commun. Depuis des années, nous savons qu'il nous faut changer de mode de vie et nous ne le faisons pas. La mise en œuvre d'une telle proposition obligerait à se rendre collectivement capables de proposer des activités culturelles et sportives et religieuses et spirituelles à proximité de tous les quartiers, dans les villes et les villages. Si une telle proposition devait se réaliser, pour qu'elle ne se transforme pas dans le cauchemar d'une contrainte de plus imposée à tous, il faudrait que ses modalités de réalisation fassent l'objet d'échanges et de délibérations à un niveau local à déterminer.

CORPS

La maladie est une atteinte au corps et par là à l'esprit. Toutes les ressources du corps social ont été mobilisées pour venir au secours des corps menacés. Tout a été mis en œuvre, sans considération de coût, pour éviter que les corps soient atteints et pour venir au secours de ceux qui l'étaient. Il y a eu deux aspects dans cette mobilisation générale.

– Un aspect actif : les énergies ont été orientées vers un but unique. Le résultat bénéfique en a été que notre système de santé s'est brusquement simplifié et unifié pour se concentrer sur cette épidémie-là et mener la guerre de la manière la plus efficace possible. Il semble que les plaintes répétées que le monde hospitalier et toutes les professions de santé font entendre depuis des années aient été enfin entendues, que leur pertinence se soit imposée.

– Un aspect négatif : la grande majorité du corps social a été confinée. Le confinement est une arme ancienne en matière de lutte contre les épidémies. On peut même la juger archaïque, mais l'expérience de ces derniers mois a montré que rechercher l'immunité collective est une voie périlleuse, les systèmes de santé ne pouvant faire face, et que le tri des citoyens nécessitait des moyens de surveillance délicats à manier. Seulement, le confinement, quoi qu'il en soit des avantages que j'ai décrits plus haut, reste une méthode brutale. Ses effets négatifs sur le corps social sont impressionnants : le système éducatif a dû se réorganiser et le bilan n'en sera pas que positif ; la machine économique s'est arrêtée ou ralentie, des secteurs entiers ont été contraints de renoncer à toute activité, certains parce qu'ils étaient privés d'approvisionnement ou de débouchés, les autres parce que toute activité représentait un risque sanitaire.

Après un temps de stupéfaction devant les nouvelles effrayantes venues d'Alsace-Moselle, est venu, m'a-t-il semblé, un temps où nous avons craint collectivement d'être victimes du virus et craint d'en être porteurs pour les autres. Ces deux craintes, bien différentes, ont convaincu les Français de respecter strictement les règles du confinement et même, en plus d'un lieu, d'en faire plus qu'il n'était nécessaire. Chez les chrétiens cependant, ces deux craintes se sont combinées avec la découverte de la possibilité de vivre sérieusement le Carême et intensément la Semaine Sainte, ce qui a donné au confinement une signification inattendue et bienvenue, plus riche que la seule nécessité d'éviter la propagation de la maladie et de la mort ; les juifs ont vécu sans doute une expérience similaire dans les fêtes qui ont jalonné ces semaines et les musulmans pendant le Ramadan qui a été vécu avec sérieux et dans le respect des mesures sanitaires prises. Si donc la peur a joué son rôle dans l'adhésion de la population au confinement, elle n'en a pas été le seul facteur. La crainte d'être contagieux pour les autres a été transmuée par beaucoup en désir de se rendre utile aux autres ou de manifester de la bienveillance et de l'attention au-delà de son cercle habituel, et les croyants ont pu éprouver concrètement combien leurs pratiques de jeûne, de prière, de silence, de retrait relatif de l'agitation du monde anticipaient sur un monde nouveau, non celui de l'austérité mais celui de la bonté donnée et reçue et du don de soi.

De cette mobilisation, trois questions émergent :

– Quelle relation entre le corps social et le corps individuel voulons-nous instaurer ?

– Quel est ce corps que nous voulons préserver, guérir ou sauver ? Plus simplement, de qui est-il le corps ? Comment prend-on en compte la personne que l'on rencontre dans ce corps, qui se reçoit et se donne en ce corps ?

– Que signifie la mort pour nos sociétés ?

Le corps social a été confiné assez brutalement au profit de la préservation des individus. On peut s'en réjouir. Si souvent, notamment lors des guerres, ce sont les corps individuels qui ont dû se sacrifier pour le bien du corps social. Cependant, il nous faut évaluer si le corps social va sortir renforcé de cette mise à l'épreuve. À vrai dire, la vie sociale toujours fait violence : toujours en effet, la majorité ou la minorité dominante impose, sous un biais ou sous un autre, ses nécessités, ses choix ou ses projets à celles et ceux qui ne lui appartiennent pas exactement. Jamais l'intérêt général ne peut combiner avec exactitude l'intégralité des besoins et des désirs individuels. La pensée chrétienne a pour cela développé l'idée de bien commun. Il n'est pas la somme des biens communs (système scolaire, système hospitalier, système routier, distribution de l'eau ou de l'électricité, etc.), mais le bien dans lequel tous peuvent être en communion. L'épidémie s'ajoute à la contrainte écologique pour encourager l'humanité entière, tout homme, tout État, toute structure politique à ne pas limiter le bien commun aux seuls intérêts des humains mais à inclure dans sa visée tous les êtres de notre cosmos. L'élargissement du regard est sans doute la seule manière de sortir par le haut des traumatismes provoqués par l'épidémie et le confinement qui a été imposé aux corps sociaux. S'orienter dans une telle direction serait aussi sortir de la course actuelle des sociétés occidentales vers l'accumulation de moyens techniques permettant de transformer toute frustration en droit à faire valoir sur la société. Le corps social n'a pas à satisfaire les désirs de chacun, mais il devrait aider chacun à croire en son rôle propre, malgré ses manques et ses douleurs.

Un des aspects douloureux de la lutte contre l'épidémie a été l'impossibilité pour les familles d'aller rencontrer leurs proches malades et même leurs proches âgés habitant des maisons de retraite. Parce que l'on ne pouvait procurer à tous les moyens de protection nécessaire, de nombreuses personnes sont mortes dans la solitude, alors même que leurs enfants ou leurs amis auraient été prêts à venir à elles pour les soutenir et les accompagner. Beaucoup de familles ont admiré le soin qu'ont eu les équipes hospitalières de leur donner des nouvelles, de les tenir au courant de l'évolution de la maladie : il y a eu là un immense travail auquel la nation doit rendre hommage. Il prouve que demeure vivante chez les soignants la conviction que leur métier consiste moins à soutenir un corps jusqu'à ce qu'il faille y renoncer qu'à fortifier une personne qui a une famille, des amis, une histoire, des projets, une certaine compréhension d'elle-même, de sa vie et de la vie, et de la mort comme de sa mort possible. Il est urgent que les politiques de santé incluent réellement cette conviction.

J'ai déjà regretté plusieurs fois publiquement que les plans d'urgence des hôpitaux, prévoyant de ne plus y laisser entrer le personnel « non-indispensable », incluent dans cette catégorie les aumôniers et tous les visiteurs. Non seulement une telle mesure réduit le patient à n'être qu'un bénéficiaire de soins médicaux mais elle fait peser le poids de l'accompagnement des personnes sur les seuls soignants, par définition débordés dans une telle situation. Je demande donc solennellement que ces plans d'urgence soient revus. L'Église catholique en France, pour sa part, est prête à continuer d'enrichir la formation des aumôniers d'hôpitaux, prêtres et laïcs, pour qu'ils soient mieux capables d'apporter leur aide tant aux personnes malades qu'aux soignants dans de telles situations. Je remercie les directeurs d'hôpitaux et les chefs de service et les soignants de tous ordres qui ont su, lorsque les patients ou leur famille, le demandaient, appeler l'aumônier de l'hôpital. Mais il me paraît indispensable que cette attitude-là soit inscrite dans les règles de l'hôpital.

La mort fait partie de la vie humaine. Elle appartient à l'aventure personnelle de chaque être humain. L'épidémie en a rapproché la possibilité de chacun de nous. La mort n'est pas l'échec de la vie ; elle n'est pas non plus l'échec de la médecine. Si celle-ci a pour tâche d'en éviter les causes, d'aider la personne à retrouver la santé, elle sait aussi que la personne malade, une fois guérie, ne revient jamais purement et simplement à la situation antérieure, en tout cas lorsqu'il s'agit d'une maladie grave. Toute guérison est un événement spirituel qui éclaire la personne sur ce qu'elle vit et a à vivre, et la mort est aussi un événement spirituel. Le XIXe siècle et la première moitié du XXe ont donné un tel déploiement social au deuil que les dernières décennies du XXe siècle ont voulu ne plus trop voir la mort, célébrant seulement la vie. Pour nous, catholiques, la mort est un acte humain, en tout cas elle peut l'être. Elle l'est visiblement lorsqu'une personne meurt en pleine conscience, remettant sa vie entre les mains de Dieu ; elle l'est encore quand quelqu'un est saisi par la mort sans avoir pu le prévoir parce que chaque instant de la vie est une préparation à la rencontre éternelle. À cette lumière, la société n'a pas à promettre d'abolir la mort, et la médecine d'y faire échapper toujours. Au moment de mourir, plus d'affection est préférable à davantage de médecine. Ces réflexions habitent de nombreux soignants et de nombreux responsables publics. La tentation de l'euthanasie exerce sa fascination sur nos sociétés occidentales. Lorsque la population vieillit, comment se réjouir de la présence de tant de personnes âgées qui n'apportent plus grand-chose de visible, de palpable à la collectivité ? Comment aimer vieillir et supporter de devenir « dépendant et inutile » ? Comment nos sociétés vont-elles résister à l'attrait d'une solution rationnelle et raisonnable des déséquilibres démographiques et de leur coût financier ? Comment sommes-nous prêts à soutenir ceux et celles qui, parmi nous, sont plus fragiles ou vulnérables ? N'y a-t-il pas des voies pour les aimer en leurs incapacités même ? Un grand effort culturel est à mener en ce sens.

LIBERTÉ

Il est possible que l'on ne retienne de l'action de l'Église catholique dans ces semaines que la réclamation supposée de retrouver au plus tôt des assemblées liturgiques, « des messes avec assemblée ». Ce serait injuste, mais nous assumons ce risque. Nous n'avons jamais réclamé un privilège ou une exemption des règles communes. Nous avons simplement demandé que les règles communes à toute la société s'appliquent à tous les cultes. Comme les branches professionnelles, les cultes en France sont des interlocuteurs possibles pour les pouvoirs publics, capables de s'engager à des mesures sanitaires ou de s'en déclarer incapables. L'interdiction explicite de toute réunion ou rassemblement dans des « établissements de culte » au moment même où les réunions et rassemblements de moins de dix personnes étaient autorisés ne pouvait être conforme au respect de la liberté de culte. La décision du Conseil d'État, le 18 mai dernier, en atteste.

La question de la liberté de culte dans une société démocratique où l'État se veut le garant des libertés s'ajoute aux questions nombreuses que la gestion d'une crise sanitaire fait surgir quant au respect des libertés. Il ne s'agit pas pour nous de nous plaindre des restrictions imposées, mais de relever que l'État court toujours le risque de ne pas prendre les citoyens pour des personnes responsables. Pour ma part, je vois là une tentation constante de toute structure d'autorité, une tentation qui appelle de l'État comme de toute autre structure d'autorité un constant examen pour ne pas s'y laisser prendre.

Certes, il faut le reconnaître : le confinement strict a été imposé un samedi soir parce que l'après-midi de ce jour avait forcé à constater que les Français ne prenaient pas la mesure du danger de l'épidémie. Mais les deux mois de confinement ont vérifié le sens de la responsabilité de l'immense majorité de nos concitoyens. On peut toutefois se demander où et comment un jeune Français apprend la responsabilité à l'égard de tous. L'environnement culturel stimule en tous la représentation que les humains sont avant tout des consommateurs-producteurs, lieux de besoins et de désirs qui peuvent être suscités et exacerbés pour faire naître des marchés, porteurs de droits toujours plus nombreux que la société s'engage à respecter et à faire respecter par des lois et des règlements toujours plus minutieux, chacun étant toujours sous la menace que ses droits soient négligés. Comment la liberté intérieure, comment la vertu est-elle nourrie, affermie, encouragée ? Nous avons entendu beaucoup de responsables publics et de responsables d'associations caritatives déplorer que « naguère, l'intérêt particulier cédait devant l'intérêt général, tandis que désormais l'intérêt général ne pèse pas devant l'intérêt particulier ». Un tel constat serait à nuancer. Mais comment faire découvrir ce qu'il y a de libérateur dans le renoncement à soi pour autrui ? Les dévouements constatés pendant l'épidémie, le sens du devoir qu'ont exprimé beaucoup de celles et de ceux qui ont travaillé en ces semaines, sont encourageants. Le service national unifié pourrait être un creuset en ce sens, si les jeunes y sont encouragés à se mettre au service des autres dans des conditions qui permettent un certain dépassement de soi, sans être toujours enfermés dans les limites du principe de précaution et du droit de retrait, et à condition de se garder de le transformer subrepticement en un stage pré-professionnel.

De manière plus générale encore, la lutte contre l'épidémie a été menée par l'État et sous sa conduite. L'État a pris en charge les graves déséquilibres économiques et sociaux qu'il suscitait en décidant le confinement strict de la population et c'est justice. L'État lui-même cependant doit être vigilant pour ne pas laisser entendre qu'il va assurer aux citoyens ce qu'il ne peut leur procurer : le bonheur, la tranquillité de l'esprit et du cœur, la joie intérieure, et les citoyens doivent aussi sans cesse être conscients que l'État ne peut leur apporter ce qui est essentiel. Il appartient à chacun de nourrir son intériorité, de la purifier ou de la laisser être purifiée, de la laisser être dilatée par les événements et les rencontres de sa vie.

L'État contemporain aimerait être reconnu pour sa bienveillance. Il n'y a pas si longtemps, il ne s'en souciait guère. Il cherchait à être juste, et il eût été bon qu'il le fût. L'épidémie de la covid-19 comme d'autres phénomènes avant elle attirent l'attention sur le fait suivant : l'État bienveillant peut être au moins autant envahissant et disciplinaire que l'État totalitaire. Les citoyens sont mis au défi de choisir entre des protections accrues au prix de l'enregistrement par l'État ou par des structures économiques de toutes les données possibles ou bien la liberté d'aller et venir, de rencontrer les autres, d'échanger, sans que toute activité suscite une trace exploitable au risque de rencontrer le tragique de l'histoire. L'État, s'il veut vraiment non seulement garantir la liberté politique mais s'il veut servir la liberté intérieure de chaque personne, doit se méfier de lui-même et des moyens qu'il peut mobiliser. Il doit veiller à valoriser les corps intermédiaires tout en les rappelant à leurs responsabilités.

HOSPITALITÉ

L'espérance ultime des chrétiens peut s'exprimer de diverses manières. Elle est notamment que tous les humains, dans leur nombre immense et dans leur extraordinaire diversité, à travers le temps et l'espace, sont appelés à vivre éternellement en communion, chacun étant un reflet de la bonté, de la beauté et de la grandeur de Dieu. Nous, chrétiens, savons qu'une telle vision ne se réalisera que par-delà la mort, qu'elle ne peut advenir vraiment dans notre condition terrestre où nous restons par trop d'aspects opaques les uns aux autres. Nous croyons qu'elle ne peut se réaliser que grâce à ce que Dieu a fait en Jésus de Nazareth, mort et ressuscité. Sans développer ici cette vue de foi, je tire de cette espérance l'assurance que tout mouvement social vers davantage d'unité et de compréhension entre les êtres humains prépare ce qui adviendra pour toujours tandis que ce qui divise et oppose n'aura pas le dernier mot de l'histoire humaine, quels que puissent être ses succès d'un moment. Plus simplement, il en résulte que la figure de l'humanité accomplie est celle de l'hospitalité mutuelle.

Au niveau personnel, le confinement a consisté en la restriction drastique de toute hospitalité concrète : pas de rencontre amicale ou familiale, pas de réunion de réflexion, ou alors tout cela par visio-conférence sans franchir le seuil de la maison des uns ou des autres. Il paraît évident à tous qu'une telle situation ne saurait être la norme des relations humaines. Certains ont vécu des expériences différentes : chacun restant chez soi toute la journée, des voisins ont pu apprendre à se connaître qui s'étaient ignorés jusque-là. Ira-t-on plus loin cependant ? Le déconfinement permettra-t-il d'approfondir les liens ébauchés, de transformer un voisinage devenu aimable en une connaissance mutuelle ? Chacun craint d'être envahi, et pourtant chacun apprécie d'être reçu. Une disposition intérieure personnelle est nécessaire pour accueillir quelqu'un comme il convient. Mais des conditions sociales sont indispensables aussi. « Se serrer pour faire de la place à quelqu'un » est une belle expression de l'hospitalité, mais la promiscuité du métro à certaines heures n'en relève pourtant pas. Comment les conditions de vie concrète permettent-elles à tous d'exercer l'hospitalité ? Comment apprenons-nous à être des hôtes recevables ? Comment nous comportons-nous concrètement dans la « maison commune » qu'est notre planète ? Sans doute faut-il aujourd'hui aller jusqu'à nous demander comment nous marquons notre reconnaissance aux océans, aux forêts, aux animaux, aux plantes, au sol, qui nous accueillent et nous permettent de vivre et d'enrichir notre vie par leurs produits sans doute mais aussi par leur seule contemplation ?

La crise sanitaire a amené légitimement à la fermeture des frontières ; la crise économique qui s'annonce invite à retrouver des emplois locaux, à favoriser des achats de proximité, à sortir des bénéfices en trompe-l'œil de la globalisation des marchés. Mais il importe de ne pas confondre deux réalités : l'organisation à l'échelle mondiale des productions et des échanges économiques qui est une réalité contingente, toujours fatalement grevée d'injustices et donc toujours à rénover, et la dimension universelle de l'humanité qui fait que tout être humain est solidaire de tous les autres. L'épidémie nous a fait toucher du doigt que chacun de nous était par son comportement responsable du sort de tous les autres. C'est un aspect de la condition humaine dont il faut nous réjouir. La division de l'humanité en nations ne saurait signifier que chaque nation n'aurait qu'à mener sa course pour elle-même en ne se préoccupant des autres que pour les avantages qu'elle espère se procurer chez eux ou pour les menaces qu'elle redoute de leur part. Au sortir du confinement, il est nécessaire de regarder en face le fait des migrations.

D'une part, les associations caritatives attirent l'attention sur la situation de grande précarité dans laquelle se trouvent des personnes migrantes sans papiers qui pouvaient survivre dans notre pays par le travail au noir et qui se trouvent sans ressources depuis deux mois. Ne pouvant être reçues au titre de l'asile ni reconduites dans leur pays d'origine, ces personnes se trouvent en grande difficulté. Pour ma part, je regrette qu'un pays comme le nôtre ne sache pas donner une place à des personnes qui sont au milieu de nous depuis des années, seules ou avec des enfants, peut-être pas pour y rester toujours mais dans l'espoir d'y transformer leur situation, d'une situation de mort à une situation de vie. Permettre à ces personnes de travailler n'est pas forcément déjà leur donner la nationalité française. Ce serait un grand pas vers l'hospitalité et toujours mieux que faire semblant collectivement de ne pas les voir et de les laisser chercher à survivre en travaillant dans des conditions périlleuses ou en dépendant des associations militantes et des œuvres caritatives.

D'autre part, le caractère universel de l'épidémie et de la réaction qu'elle a suscitée renforce la nécessité de regarder notre humanité comme une unité. Chaque peuple a pu lutter contre l'épidémie parce que tous les peuples l'ont fait aussi. Mais aussi tous les peuples ont été touchés par l'épidémie ou auraient pu l'être sans qu'il soit possible de désigner un coupable initial. Car la propagation si rapide n'a pas été due à la méchanceté de certains mais à la variété des échanges entre humains en notre temps. N'y a-t-il pas là une piste pour réfléchir au fait de la migration ? Au nom de quoi certains seraient-ils assignés à un lieu sur cette terre où ils ne peuvent réunir les conditions leur permettant de vivre ? Ne peut-on pas « se serrer pour leur faire de la place » ? À quelles conditions pourrait-on le faire, sans reproduire à grande échelle la promiscuité du métro parisien ? Peut-on les aider à rester dans leur pays d'origine, toute la terre devant être peuplée. Mais alors comment les aider à acquérir les moyens d'y vivre ? Aujourd'hui, chacun de nous sait que son mode de consommer et de produire contribue à abîmer la planète chez lui et chez les autres. Nul ne peut se dire : « je suis innocent » de la situation des autres, ce qui ne veut pas dire sans doute que tous en sont coupables. En ce sens, l'appel lancé par le pape François, après ses prédécesseurs, à un allègement réel de la dette des pays d'Afrique doit être entendu. Il a été relayé par le Président de la République. Il devrait être porté par l'Europe. Une partie de nos richesses plus importante devrait permettre à ce continent dont nous avons utilisé les ressources de construire des économies solides et durables. Cela ne peut se faire qu'en même temps que ces pays parviennent à se doter de systèmes politiques fiables.

Dans un tout autre domaine, nos dépenses militaires ne pourraient-elles pas être réparties autrement si les Européens se montraient capables de porter ensemble leur responsabilité à l'égard du monde entier ?

Un pays comme le nôtre a affronté la crise sanitaire grâce à sa capacité à s'endetter sur le marché mondial. Cette dette supplémentaire s'ajoute à un endettement jugé depuis longtemps irresponsable à l'égard des générations à venir. Nous devons nous interroger sur nos dépenses collectives. Nos dépenses de santé contribuent-elles également à la bonne santé de tous ? Ne vaudrait-il pas la peine de nous interroger collectivement et personnellement sur ce que nous dépensons et attendons de dépense collective pour le soin de notre corps et de notre psychisme ? Quelle responsabilité de notre mode de vie assumons-nous chacun ? Nous avons, depuis la Deuxième Guerre mondiale, reporté sur la collectivité beaucoup de charges qui reposaient jadis sur les familles. Il faut s'en réjouir car cela a permis à bien des familles de vivre un peu plus aisément. Le moment est peut-être venu de réfléchir au mouvement inverse et d'intégrer dans nos projets de vie à tous le soin à prendre de la collectivité. Le risque est toujours que ce qui est confié à un collectif échappe à la responsabilité concrète de quelques-uns. Comment suis-je, moi, comme individu et dans les corps intermédiaires auquel j'appartiens et que je fais vivre, un acteur portant ce qui me revient mais aussi contribuant à ce que la maison commune soit, de manière plus réelle, hospitalière à tous ?

Tant à l'échelle de la nation qu'à l'échelle internationale, le modèle des relations entre les êtres humains ne devrait pas être le conflit ou la compétition, ni même le commerce. Ce devrait être l'hospitalité. Pour cela, il importe que chacun habite sa maison et habite en lui-même. À l'échelle individuelle comme à l'échelle collective, le modèle du progrès humain ne peut pas être l'extension indéfinie des droits. Il devrait être la croissance dans le don de soi et le service des autres, rendue possible par l'hospitalité mutuelle entre les humains et la maison commune. Il ne s'agit pas là d'une utopie, d'un rêve qui n'a pas de lieu pour se réaliser, mais d'une espérance qui passe par le chemin intérieur de chacun. L'expérience du confinement a peut-être donné quelques clefs pour progresser collectivement en ce sens. Certains observateurs l'ont fait remarquer :

l'État que l'on dit volontiers impuissant devant l'économie a réussi, dans de nombreux pays du monde, à figer la vie économique au bénéfice de la santé publique et il a pris en main aussi la compensation des pertes occasionnées. Les sociétés occidentales seraient-elles capables de choisir pour vision commune la planète comme maison pour tous et d'employer la force de l'État à se fixer concrètement un tel objectif ? On peut le souhaiter, mais en réalité, l'État ne peut pas donner ce qu'il n'a pas : il peut organiser, réguler, confiner, mobiliser ; il ne peut pas rendre hospitalier qui veut rester enfermé chez lui et il n'a pas le droit moral d'empêcher une personne d'en accueillir une autre ; il ne peut pas créer chez les citoyens la liberté intérieure et il n'a pas le droit moral de contrecarrer celle-ci ; il ne peut pas aider chacun à aimer son corps et ses limites et il n'a moralement pas le droit d'empêcher quelqu'un de vivre en raison des limites de son corps ; il ne peut pas faire aimer le temps qui passe et il n'a pas le droit moral de priver quelqu'un de son temps d'intimité. L'État peut beaucoup, même s'il lui faut aujourd'hui plus que jamais compter avec des puissances économiques et culturelles, mais, pour que la planète soit une maison commune pour tous où s'anticipe et se prépare le Royaume de Dieu, la seule vraie force vient de chaque être humain, de notre capacité à tous et à chacun à habiter notre corps, notre maison, et à y donner librement l'hospitalité et goûter la saveur du temps où l'éternité se donne déjà. Puissions-nous laisser germer en nous ce que l'épidémie nous a donné de vivre !

+ Eric de Moulins-Beaufort

TABLE

Imprimé en France

Composition : Nord Compo

N° d'imprimeur : 005410
Achevé d'imprimer : mai 2020
par la Nouvelle Imprimerie Laballery
Dépôt légal : mai 2020